MÉMOIRES DE DIX-HUIT ANS

1860 A 1878

MÉMOIRES

DE

DIX-HUIT ANS

1860 A 1878

DÉDIÉS AUX HISTORIENS

Qui écriront l'histoire générale du XIXe siècle

PAR LE PRINCE DE ROSSY

> Connaître les hommes, c'est être arrivé à mépriser leurs mépris tout aussi bien que leur estime.
>
> BALZAC, *les Petits Bourgeois*.

PARIS

IMPRIMERIE BALITOUT, QUESTROY ET Ce

7, RUE BAILLIF, 7

1878

AU ROI

SIRE,

Qu'importent la mort et les revers, si notre nom va faire battre un cœur généreux deux mille ans après notre vie !

Paroles de Chateaubriand sur Philopœmen, le dernier des Grecs.

Si vous daignez jeter les yeux sur ces brochures, vous y verrez qu'il n'y a pour moi, en Europe, qu'un roi : Vous ; et qu'après vous aussi, il n'y en aura plus. Je désire que cette fierté, ce consciencieux examen du passé, cette intelligence de l'avenir ne déplaisent pas à Votre Majesté.

Nombre de légitimistes, dont quelques-uns même ne croiraient pas cesser de l'être, en acceptant le drapeau tricolore, espèrent toujours que les orléanistes et les bonapartistes, poussés par leur intérêt ou par leurs craintes de l'anarchie, viendront tôt ou tard au Roi.

C'est mal connaître la nature humaine et ne tenir aucun compte des enseignements de l'histoire que de se bercer de telles illusions. « Plutôt les Turcs que le Pape, » disaient autrefois les Grecs de Byzance. Tous les gouvernements, toutes les aventures, tous les dangers, toutes les cocardes; tout, en un mot, disent de nos jours les partisans des d'Orléans et des Bonaparte, tout hormis le Roi et son drapeau.

SIRE, j'ai dix ans de plus que Votre Majesté; il est donc probable que je n'aurai pas la douleur de lui survivre. Dieu veuille qu'il en soit ainsi! afin que je puisse avoir, jusqu'à mon dernier jour, au moins un homme et une cause à aimer, honorer et servir.

PRINCE DE ROSSY.

La Rochette l'Étang, octobre 1877.

Paris. — Typ. Balitout, Questroy et Cᵉ, 7, rue Baillif.

PRÉFACE GÉNÉRALE

POUR TOUTES MES BROCHURES RELIGIEUSES, POLITIQUES ET RELATIVES A LA NOBLESSE.

La sainteté est la plus haute des noblesses; elle est préférable à la naissance et la naissance à l'argent.

« On doit des égards aux vivants et la justice aux morts. »

Quiconque m'a connu ou me lira, me rendra, je pense, le témoignage que j'ai scrupuleusement pratiqué cette maxime dans tous mes écrits publics ou inédits. Quand la Religion ne m'en ferait pas un devoir, un sentiment de fierté naturelle à tout homme qui se respecte dans les autres, ne me permettrait pas de descendre à des attaques personnelles, soit directement, soit même par aucune maligne allusion. Le Fils de Dieu, pendant son séjour sur la terre, confondait l'orgueil et l'hypocrisie des Pharisiens, mais il n'en a pas désigné un seul parmi eux. On peut donc très bien combattre les fausses doctrines, sans haïr le moins du monde ceux qui les prônent et les répandent. Car la vérité est toujours forte par elle-même; et l'on n'a d'ordinaire, quand on répond ou qu'on discute, recours aux injures, que lorsqu'on n'a pour soi ni les raisons, ni les faits.

Quelques personnes jugeront peut-être qu'il n'est guère opportun de publier des écrits sur la noblesse, dans les conjonctures actuelles. A cela j'oppose deux bonnes raisons: 1° Je prouve qu'en dépit des déclamations les plus malveillantes, et même des mœurs, réglements, usages ou institutions les plus contraires, la noblesse existe et qu'elle est indestructible dans tous les pays, dans tous les siècles et sous toute forme de gouvernement ; 2° je n'écris point pour le succès et encore moins pour le temps présent, car s'il est des sujets où l'on ne puisse « contenter tout le monde et son père, » ce sont assurément ceux que j'ai traités.

Chateaubriand dit dans ses *Mémoires d'Outre-Tombe :* « La malveillance et le dénigrement sont les deux caractères de l'esprit français; la moquerie et la calomnie, le résultat certain d'une confidence.» Qui ne connaît, d'ailleurs, ce passage des mêmes Mémoires, tome I, page 23? « Les marquis, les comtes, les barons de maintenant, n'ayant ni priviléges, ni sillons, les trois quarts mourant de faim, se dénigrant les uns les autres, ne voulant pas se reconnaître, se contestant mutuellement leur naissance, ces nobles à qui l'on nie leur propre nom, ou à qui on ne l'accorde que sous bénéfice d'inventaire, peuvent-ils inspirer quelque crainte?... » Passage qui se résume ainsi : Quand trois gentilshommes se rencontrent dans un salon, on est sûr qu'il y en a toujours deux occupés à discuter les titres de noblesse du troisième.

Ce mot est une leçon pour moi. Je crains cependant fort peu le dénigrement de mes contemporains, n'ayant jamais publié une phrase que je ne me sois dit que j'en rendrais compte à Dieu. Si je me suis trompé, c'est de bonne foi; Dieu me le pardonnera donc, *errare humanum est.* Mais hélas! les hommes sont ainsi faits que, s'ils sont pleins d'indulgence à l'égard de ceux qui commettent des erreurs, car c'est, à leur sens, une supériorité que de les relever, ils sont impitoyables pour ceux qui n'aiment et ne recherchent que la vérité, parce que la vérité choque l'orgueil. D'où il suit qu'un homme dont la devise est *vitam impendere vero* doit n'admettre d'autre juge que sa conscience, et s'attendre à n'être sainement apprécié qu'après sa mort. Le Pape lui-même, à cette époque d'insubordination et d'anarchie morale, ne peut prononcer une parole sur la chaire de saint Pierre, sans s'exposer à mille clameurs. Les serviteurs de Celui que le Pape représente ne sont pas plus que le maître, jamais on ne leur rendra justice ici-bas. Il n'importe, un homme qui craint de dire la vérité et d'y conformer sa vie, fût-il le roi du monde entier, non-seulement n'est pas un chrétien, ni un philosophe, non-seulement n'est pas un vrai noble, mais n'est même pas un homme : c'est une brute incapable de comprendre les choses spirituelles, *animalis homo qui non percipit quæ Dei sunt.*

Voilà la conclusion de tous mes discours, j'en avertis en commençant. De plus, la liberté et l'égalité n'étant possibles que par le Christianisme, la sainteté est, à mes yeux, la plus haute des noblesses : je la préfère à la naissance, et la naissance à l'argent. Celui qui pense ainsi fera bien de me lire et je suis sûr de l'avoir pour ami. Quant à ceux qui ne veulent que des livres flattant les passions, les préjugés ou les vices, qu'ils rejettent mes écrits dès la première page, car je suis non moins certain, s'ils en poursuivent la lecture, que je les mécontenterai grandement. Et comme ce serait sans doute à cause de mon amour de tout ce qui est bon, vrai et juste, quelle autorité pourraient donc avoir pour moi leurs jugements?

Si je cherchais à plaire aux hommes, disait saint Paul aux Galates, je ne serais plus serviteur de Jésus-Christ.

« Ah ! sans l'espérance d'une vie meilleure, je ne verrais presque pas de différence entre ce monde et l'enfer. » (SAINT BERNARD.)

Les Capet régnaient, ainsi que l'affirme Chateaubriand, lorsque les autres souverains de l'Europe étaient encore sujets. On en peut dire autant des patriciens de Rome et de Venise, dont quelques-uns ne le cèdent pas en antiquité aux descendants des rois francs. Mais en gloires connues de tout l'univers, quelles races prétendraient égaler celle de Clovis, de Charlemagne et de saint Louis? Henri V pourtant ne gouvernera pas la France faite par ses aïeux, du moins la Révolution l'a juré ; et parce qu'elle a détruit une monarchie chrétienne de quatorze cents ans, et que dans son fol et stupide orgueil elle ne veut pas plus de Dieu que du Roi, elle se dit infaillible ! elle se croit éternelle !

« La pierre taillée par ordre de Sésostris, ensevelit dès aujourd'hui l'échafaud de Louis XVI sous le poids des siècles. L'heure viendra que l'obélisque du désert retrouvera, sur la place des meurtres, le silence et la solitude de Luxor. » (CHATEAUBRIAND.)

PRINCE DE ROSSY.

La Rochette l'Etang, près la Roche-sur-Yon, 15 août 1872.

N. B. — Voici la date des brochures que je commence aujourd'hui seulement de distribuer aux personnes qu'elles me semblent devoir intéresser.

1° Réflexions sur les Rossi de Parme, 1865.
2° Preuves de l'identité des Rossi de France et de Parme, 1866. (Faisant suite aux Réflexions.)
3° Souvenirs, Supplément aux Preuves, 4 mars 1872.
4° Quels sont les ennemis de l'ancienne noblesse ? avril 1868.
5° Le Pape, le Roi et la Liberté, mars 1872.
6° Les Pilate et les Nogaret modernes, 2 mai 1872.
7° La vraie et la fausse particule nobiliaire, 4 août 1872.

Cette dernière brochure est le complément de celle que j'ai publiée en 1861, sous le titre de : La particule nobiliaire, réplique à quelques magistrats.

Quoique ces brochures soient distinctes les unes des autres et que, par conséquent, chacune puisse être lue indépendamment de celle qui précède ou qui suit, néanmoins, comme elles se corroborent mutuellement, je conseille à ceux qui voudront les lire toutes et de suite, de ne pas s'écarter de l'ordre que je viens d'indiquer.

Paris. — Imp. Balitout, Questroy et Ce, rue Baillif, 7.

SECONDE PRÉFACE GÉNÉRALE

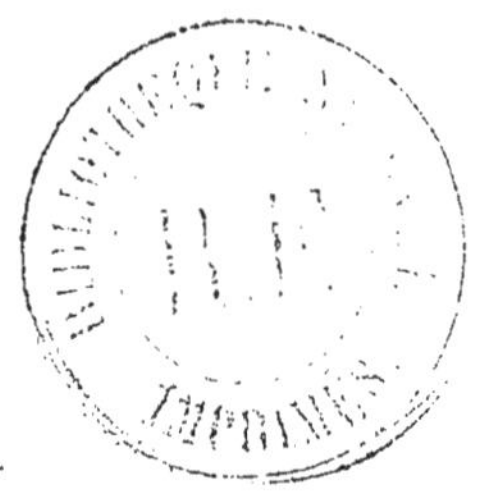

> Ceux-là ignorent la vie humaine qui la regardent comme une suite d'accidents; il n'est pas d'effets sans causes ; nous ne datons pas seulement du jour de notre naissance, et nous recevons, en venant au monde, tout un acquis antérieur, charges et profits, qui souvent s'impose comme la règle et l'explication de notre future destinée.
>
> (Adrien MAGGIOLO au prince Nicolas GALITZIN.)

« De même qu'il est essentiel, pour chaque individu tant soit peu lettré, d'avoir son mémorial de famille, si humble qu'ait été le rôle social départi aux siens, de même chaque agrégation de citoyens doit connaître l'histoire du lieu qu'elle habite. » Benjamin Fillon. (*Notice sur la commune de Saint-Cyr-en-Talmondais*. 1877.)

Cette citation d'un auteur de mon pays natal, aussi connu et estimé des savants à Paris qu'en Vendée, pour sa science, ses utiles travaux et l'indépendance de son caractère (1), pourrait servir d'épigraphe, de prologue ou de pièce justificative à toutes les brochures où j'ai parlé de la grande famille historique des Rossi de Parme, dont je suis actuellement le représentant ou bien le chef de nom et d'armes, comme on disait autrefois.

Je me souviens qu'il y a près de trente ans déjà, un prêtre de distinction me disait : « Vous êtes trop honnête homme pour votre siècle ; ne prenez jamais part aux affaires publiques : vous y souffririez et vous y feriez souffrir. » Je ne savais pas alors que le comte de Chambord s'attirerait plus tard le même reproche, ou plutôt mériterait cet éloge, et qu'on dirait aussi de lui : Il est trop

(1) M. Fillon, pour n'être pas distrait de ses recherches archéologiques, a refusé la préfecture de la Vendée au mois de septembre 1870.

honnête pour gouverner. Eh bien! tant pis pour le temps où il aura vécu. Car, je l'ai écrit ailleurs, le Roi, s'il meurt en exil, aura un plus beau nom dans l'histoire que s'il eût régné déshonoré, à l'ombre du drapeau de la Révolution, comme les parlementaires l'auraient voulu.

Pour moi, puisqu'il n'y a plus désormais que le provisoire qui dure, et qu'entre la Monarchie et la République la France ne paraît pas encore déterminée à faire son choix, il m'est bien permis de me consacrer tout entier à ma famille. C'est peut-être, du reste, la meilleure manière de servir son pays. On a beau fonder, en effet, des écoles ecclésiastiques ou laïques, il n'en sort guère d'hommes dignes de ce nom. On forme, il est vrai, toutes sortes de spécialités, et beaucoup plus même que la France n'en saurait occuper. Mais de mâles caractères capables, après avoir appris à obéir, de commander aux autres, je n'en vois point. Ces caractères, sauf de rares exceptions, ne peuvent se produire que dans les familles, illustres ou obscures, qui sont restées fidèles à de nobles traditions.

La plaie qui nous ronge et nous rend ingouvernables, plaie qu'on devrait avant tout songer à guérir, c'est l'individualisme et l'égoïsme le plus vil. Pourquoi tant de partisans de la Monarchie ne veulent-ils à aucun prix du Roi? C'est qu'avec lui, ils ne seraient que les seconds, et qu'ils pensent devenir les premiers avec un souverain de leur façon. Pourquoi la République rencontre-t-elle tant d'obstacles à son établissement définitif? C'est que trop de républicains réclament à grands cris l'égalité, pour niveler les classes supérieures, mais entendent bien aussi demeurer les maîtres *à l'avénement des nouvelles couches sociales.*

On s'inquiète fort peu aujourd'hui d'acquérir personnellement un vrai mérite; on ne fait cas que d'une position relativement supérieure. Pourvu qu'on soit ou qu'on se croie au-dessus de son voisin par une décoration, un titre ou un emploi quelconque, cela suffit; on est content. Quand comprendra-t-on que les hommes ne sont grands que par la vertu et non par le rang? Il faudrait donc que ceux qui sont appelés à commander fussent, quelle que soit la forme du gouvernement, par leur désintéressement et la dignité de leur vie, au-dessus de tous les honneurs. Il n'en est rien, hélas! La France, chaque jour, rompt davantage avec son passé; aura-t-elle un lendemain?

Ce qu'il y a de certain, c'est que les Bonaparte et les d'Orléans étant également déchus, comme des félons et des traîtres, le trône sera vacant à la mort du comte de Chambord, le dernier roi par droit de naissance. A moins donc que la France ne lui donne pour successeur le chef d'une dynastie nouvelle, ou ne réhabilite des princes dégradés et flétris, ce qui est peu probable, la République semble seule possible.

Mais, si l'on consulte l'histoire, on ne voit que des républiques, où dominait une aristocratie puissante, qui aient à la fois prospéré et duré. En serait-il ainsi de la république démocratique et sociale, dont les peuples anciens n'avaient aucune idée et que tant de gens déclassés nous vantent si fort de nos jours? Il est permis d'en douter comme d'en craindre l'expérience. C'est, en tout cas, la grande question des temps modernes.

« ..... La guillotine n'avait pas cessé d'être en permanence; seulement, on venait de la reléguer à la barrière du Trône renversé, ci-devant barrière du Trône.

» C'était assurément un progrès au point de vue de l'hygiène publique, car l'odeur du sang infectait à tel point la place de la Révolution que les chevaux et les bœufs refusaient de la traverser. Ce n'était certes pas un retour aux idées de clémence, puisque, du 1er au 30 messidor, on exécuta 796 condamnés, et, du 1er au 9 thermidor, 342. »

(F. du Boisgobey, *Demi-monde sous la Terreur*, t. I, p. 291.)

« A partir du 15 messidor, les fournées n'avaient jamais été de moins de trente condamnés, elles avaient été souvent de cinquante, et une fois, le 19, de soixante-sept. Toutes les classes fournissaient leur contingent de victimes, mais la bourgeoisie et le peuple avaient plus de noms inscrits à ce martyrologe que l'aristocratie.

» Ce n'était pas la noblesse qu'on décapitait, c'était la France.

» Sur la place du Trône, on avait creusé, à la profondeur d'une toise, un large trou pour recevoir le sang des suppliciés, et le sang débordait de cette horrible fosse. Le cimetière de Picpus ne suffisait plus à recevoir les cadavres.

» Le peuple murmurait enfin. Le 7 messidor, un jour qu'il y avait vingt-trois femmes (1) dans les charrettes, la foule, saisie d'horreur, s'était enfuie dans le faubourg Saint-Antoine.

(*Id.*, *id.*, t. II, p. 320.)

Chez une nation qui, après lui avoir lié les mains derrière le dos, comme à un vil criminel, a versé le sang de son Roi sur l'ignoble

(1) Ma grand'mère était du nombre, comme l'indique l'acte de son décès. (*Réflexions sur les Rossi de Parme*, page 38.)

échafaud de la guillotine ; chez cette nation qui, pendant près de deux ans, a supporté patiemment ces abominables tueries dont les fils des anciens Montagnards demandent journellement le retour, une monarchie parlementaire, bâtie sur le sol mouvant du suffrage universel, est impossible et une république conservatrice bien difficile. Encore une fois, c'est le problème à résoudre par la génération présente. Gouverner, c'est prévoir. Mais pour gouverner il faut encore le temps ; et qui, à cette époque de décomposition ou de transformation sociale, a trois mois seulement devant soi ?

S'il est vrai, d'après Montesquieu, que la vertu soit le principe des républiques, un royaliste peut quelquefois devenir un républicain loyal ; mais il n'est guère croyable qu'un homme mûr, ayant toujours vécu dans les rangs des républicains, se convertisse jamais franchement à la Monarchie.

La République est, par excellence, le gouvernement des hommes libres, énergiques et pauvres, exempts des vices d'ordinaire inhérents à la richesse, toujours prêts, par conséquent, à sacrifier leur vie pour le triomphe de leur patrie et des lois. Mais ce gouvernement convient-il également, en dépit de tous les enseignements du passé, aux peuples amis du luxe et des plaisirs, depuis longtemps efféminés et corrompus ? C'est ce qu'un essai de courte durée nous apprendra sûrement.

D'après l'histoire de la République en France et les malheurs de ma propre famille, bien que, d'ailleurs, la plupart de ceux qui disent la Monarchie impossible nous rassurent en ajoutant que le régime de la Terreur l'est aussi, personne ne comprend mieux que moi qu'on redoute l'avenir. N'importe, je ne me laisserai pas effrayer.

« Avec la République, en effet, quelle qu'elle soit, on peut servir son pays sans être lié par un serment avilissant à un homme qu'on hait ou qu'on méprise... »

Au défaut donc d'Henri V, le seul prince aujourd'hui digne de l'amour et du respect des peuples, « mieux vaut la liberté, avec ses luttes et ses orages, qu'un roi tricolore ou l'Empire des Bonaparte, avec le silence de l'esclavage et le déshonneur (1). »

La Rochette-l'Etang, 25 mars 1878.

PRINCE DE ROSSY.

(1) Passage tiré de ma dernière brochure : *Comme tu es gouvernée, pauvre France !* page 19.

Paris. — Typ. Balitout, Questroy et Cᵉ, 7, rue Baillif.

POST-SCRIPTUM

A MES BROCHURES SUR LA PARTICULE, LES TITRES ET LA NOBLESSE.

Stultorum numerus infinitus.

(LA BIBLE.)

« Une des idées fausses de la bourgeoisie de la Restauration en fait d'aristocratie et de noblesse, c'était de faire croire à la particule. La particule, on le sait, n'a aucune signification. Mais les bourgeois du temps de la *Minerve* estimaient si haut ce pauvre *de* qu'on se croyait obligé de l'abdiquer. M. de Chauvelin se faisait appeler M. Chauvelin ; M. de Caumartin, M. Caumartin ; M. Constant de Rebecque, Benjamin Constant ; M. de Lafayette, M. Lafayette. »

(VICTOR HUGO, *les Misérables*, 3e partie, liv. IV, chap. I.)

La particule ne signifie rien, prétend Victor Hugo, parce qu'il pense, lui, et avec raison, n'en avoir nul besoin pour être connu, célèbre, illustre même, si l'on veut. C'est évidemment un parti pris parmi les gens de lettres, comme au Palais, d'affirmer, malgré l'usage et l'histoire, que ce *pauvre de ne signifie rien.* Mais les niveleurs politiques en disent autant des titres, des armoiries, des décorations, ce qui n'empêche pas certains révolutionnaires de s'en laisser affubler par les despotes (tels que les Bonaparte, par exemple), lorsque, ne pouvant plus être maîtres eux-mêmes, ils prennent volontiers la livrée des valets. D'autres, il est vrai, plus conséquents à leurs principes, proscrivent, dès qu'ils sont à la tête du gouvernement, le fameux *de* qui les agace, sachant bien qu'il signifie quelque chose et beaucoup plus même qu'on n'en convient.

Quant à ceux qui le suppriment volontairemeut, croyant par là se rendre plus populaires, ils n'agissent ainsi que par un raffinement de vanité, car ils n'ignorent pas que personne n'oubliera qu'ils ont droit à cette particule, inséparable même de leurs noms.

L'exemple de M. de Chauvelin surtout est assez mal choisi ; car, si l'on en croit les mémoires du temps, un Chauvelin, fils d'un marchand de la rue Saint-Denis et favori de Louis XV, un jour qu'on avait présenté à celui-ci un gentilhomme campagnard, s'étant avisé de dire : « Oh ! sire, ce n'est qu'un noble de province ! — Eh ! d'où voulez-vous donc qu'il soit, répliqua le Roi, voudriez-vous qu'il vînt de la rue Saint-Denis ? » Si ce noble de province se fût produit à Versailles sans particule, M. de Chauvelin n'aurait probablement pas manqué de s'écrier : Quel est ce bourgeois venant on ne sait d'où ?

Que MM. de Chauvelin, de Caumartin, de Rebecque et de La Fayette aient supprimé la particule, cela ne prouve donc absolument rien. Ils savaient bien, d'ailleurs, qu'elle serait rétablie devant leurs noms par leurs descendants d'abord et ensuite par l'opinion.

Louis-Philippe aussi, pour plaire à la Révolution, avait rayé les fleurs de lys de son blason et se trouvait ainsi le seul gentilhomme d'Europe sans armoiries. Cette rare distinction ne lui réussit pas. Quand ses voitures, où il avait remplacé ses armes par son chiffre L. P., passaient dans les rues, le peuple, plein de bon sens, traduisait ces deux lettres par ces deux mots : Le poltron.

Direz-vous pour cela que les armes de France ou celles des Montmorency ou du plus obscur hobereau ne signifient rien ? Je pense que les enfants et petits-enfants du roi de 1830 ne seront pas tous de cet avis et qu'il s'en rencontrera quelques-uns parmi eux qui reviendront aux fleurs de lys. Du reste, le roi bourgeois, qui les faisait gratter sur ses voitures et au fronton des édifices publics, avait bien soin de les conserver ou de les rétablir à l'intérieur de ses palais.

C'était un signe de ce temps d'hypocrisie et de paix à tout prix.

« Les îles de la Manche sont, comme l'Angleterre, un pays hiérarchique ; il y existe encore des castes. Les castes ont leurs idées, qui sont leurs défenses. Ces idées des castes sont partout les mêmes, dans l'Inde comme en Allemagne. La noblesse se conquiert par l'épée et se perd par le travail. Elle se conserve par l'oisiveté.

Ne rien faire, c'est vivre noblement : quiconque ne travaille pas est honoré. Un métier fait déchoir. En France, autrefois, il n'y avait d'exception que pour les verriers. Vider les bouteilles étant un peu la gloire des gentilshommes, faire des bouteilles ne leur était point déshonneur. Dans l'archipel de la Manche, ainsi que dans la Grande-Bretagne, qui veut rester noble doit rester riche. Un workman ne peut être un gentleman. L'eût-il été, il ne l'est plus. »

(Victor Hugo, *les Travailleurs de la Mer*, 1re partie, liv. VI, chap. I.)

Oh! cette épigramme contre les gentilshommes buveurs est charmante, et cette fine ironie, qu'on ne peut malheureusement adresser aux gens de lettres, — qui vident aussi, eux, très-bien les bouteilles, mais qui n'en font point, — cette ironie vaut pour moi tout le livre, espérant que la gentilhommerie littéraire, dorée ou blasonnée de Paris profitera de la leçon.

Il n'est cependant pas exact de dire : « La noblesse se conquiert par l'épée et se perd par le travail. » C'était un travail autrefois, j'imagine, de conquérir le monde par l'épée.

Tantæ molis erat Romanam condere gentem.

Aujourd'hui que l'on prêche, comme sous Louis-Philippe, la paix à tout prix, la noblesse se conquiert par d'autres travaux que par les armes ; elle ne se conserve pas par l'oisiveté. « Qui veut rester noble, dites-vous, doit rester riche. » Sans doute. Eh bien! avec le Code civil, qui morcèle tous les héritages, comment rester riche sans travailler?

Paris, avril 1878.

PRINCE DE ROSSY.

Paris, imp. Balitout, Questroy et Ce, 7, rue Baillif.

NOTE COMPLÉMENTAIRE & JUSTIFICATIVE

> Que la noblesse soit féodale, comme autrefois chez nous, ou purement et simplement honorifique, comme de nos jours, c'est également un fait contre lequel ses détracteurs ne peuvent rien.

I

PUÉRILITÉ, INANITÉ ET INCONSÉQUENCE DES ATTAQUES CONTRE LA NOBLESSE (1).

« Les nobles étaient autrefois *en possession de changer de nom* sans la permission du prince,

» .... C'est un ancien usage en France qu'on peut changer de nom et d'armes en vertu de testaments et de contrats de mariage, d'adoption et d'institutions d'héritiers. »

(LAROQUE, *Traité de l'origine des noms*, chap. XXX.)

La transmission n'était subordonnée à aucune autorisation; seulement, l'institué devait remplir une formalité qui, sans être essentielle, était requise pour empêcher des confusions autrement inévitables.

« Il faut que ces changements, *quoique légitimes*, soient fondés en lettres enregistrées à la Chambre des comptes et publiées au Parlement, pour rendre la chose plus solennelle et publique. »

(LAROQUE, *id.*, *id.*)

(1) Ce titre suppose qu'on a déjà lu mes brochures sur la particule nobiliaire.

.... La noblesse chez nous n'est pas organisée. Or, on pouvait (selon des opinions respectables) se passer de noblesse ; mais étant donnée la noblesse, la noblesse ne peut se passer d'organisation. Vous ne voulez pas que je me fasse noble au gré de mon appréciation personnelle : vous avez raison ; mais je ne veux pas cesser de l'être au gré de la vôtre. Entre vous et moi je demande un juge impersonnel, une règle, une codification.

(Extrait du *Droit nobiliaire français au dix-neuvième siècle,* pages 115, 141, 486, par Alfred Lévesque, avocat à la Cour impériale de Paris, 1866.)

Une règle, un code pour la noblesse... à venir, ce serait (si avant tout nous avions un gouvernement stable) chose facile et même très-convenable à faire, mais complétement impossible pour la noblesse du passé. Que cette dernière soit vraie ou faussse, illustre ou obscure, usurpée ou non, à votre sens, elle échappe à votre contrôle. Le temps seul peut la détruire et la dérober aux yeux de ceux qu'elle offusque. Mais si la noblesse n'est désormais qu'un souvenir et *ne signifie plus rien,* comme tant de gens de lettres, de robe ou de palais affectent si persévéramment de nous le dire, où tendent alors tous leurs acrimonieux discours ? Pourquoi consacrent-ils à cette noblesse, qui, selon eux, *n'est plus qu'un fantôme,* leurs longues et doctes veilles ? Il serait à la fois plus sage et plus digne de la laisser s'éteindre en silence et en paix.

II

EST-IL DIGNE DU CLERGÉ ET DE LA MAGISTRATURE DE S'IMMISCER DANS LES QUERELLES DE PARTI ?

> « Les évêques, disait, en 1859, le comte de Chambord à M. de Chénier, et tous les membres du clergé ne sauraient éviter avec trop de soin de mêler la politique à l'exercice de leur ministère, et de s'immiscer dans les affaires qui sont de l'autorité temporelle, ce qui n'est pas moins contraire à la dignité et aux intérêts de la Religion elle-même qu'au bien de l'Etat. »
> (*Vienne et la vie viennoise,* par Victor Tissot.)

Mgr l'Evêque d'Orléans, dans un mandement politique adressé, par la voie des journaux, à la France entière, dit qu'il *y a crime et folie* à s'abstenir dans les élections.

Si, dans les choses religieuses, je ne veux pas que Gros-Jean en remontre à son curé, je suis aussi de ceux qui ne veulent pas non plus qu'en matière politique, des hommes d'Eglise, souvent sans expérience, se permettent d'en remontrer au Roi de France. L'Evêque d'Orléans, malgré tout son mérite, n'en a pas moins commis cette inconvenance lorsqu'il a conseillé naguère au Roi d'adopter le drapeau tricolore. *Potiùs mori quam fœdari,* lui a-t-il été répondu. — Il n'y a pas jusqu'au curé de Frohsdorf qui a voulu, lui aussi, à ma connaissance personnelle, régenter un prince (le plus illustre de tous) qui est assurément non moins bon catholique que le Pape. Qu'on s'étonne après cela de l'anarchie des esprits et du mépris de l'autorité dans le sanctuaire comme sur la place publique.

Voici cependant un des Evêques les plus éminents du clergé de France, l'évêque de Montpellier, qui, dans une circulaire à propos des élections du 14 octobre, ne se montre pas aussi exclusif que tant de ses confrères dans les conseils qu'il croit devoir donner :

« En résumé, dit-il, relativement aux élections, les devoirs des citoyens sont réglés par deux principes :

« Obligation de ne point s'abstenir, à moins d'y être absolument contraint par la conscience ou par l'honneur ; et, par conséquent, obligation sérieuse de voter ;

« 2° Obligation de ne voter que pour des candidats décidés à soutenir les doctrines chrétiennes et catholiques. »

Eh bien ! moi, pour des motifs exceptionnels dont je suis seul juge, je me regarde comme *absolument contraint par la conscience et par l'honneur* de ne prendre en ce moment aucune part aux affaires publiques, me réservant toutefois d'agir à l'avenir lorsque mes convictions m'en feront un devoir. Mais, en attendant, est-ce que l'abstention dans la conduite, comme le silence dans la conversation ou les discours, n'est pas, selon les circonstances, un acte négatif, souvent même très-éloquent, d'approbation ou de blâme ? Donc, on a le droit de s'abstenir tout aussi bien que celui de voter, et personne, que je sache, n'a autorité pour contrôler l'usage que chaque électeur fait de ce droit.

Mgr l'Evêque de Luçon (aujourd'hui Evêque de Nantes) a pris pour devise : *Missus à Deo*. Le moindre curé ou vicaire de village peut en dire autant. Quand donc ils parleront du haut de la chaire spécialement de l'Evangile, je n'examinerai pas s'ils ont vingt-cinq ou quatre-vingts ans, s'ils sont du sang des Montmorency ou fils d'un ouvrier ou d'un paysan, je les écouterai avec respect, comme le plus pauvre et le plus obscur habitant de leur paroisse, et je m'efforcerai de conformer ma vie à leurs leçons.

Mais si un prêtre, dans une société divisée comme la nôtre, prend publiquement fait et cause pour un parti contre tous les autres, il est évident d'abord qu'il abaisse son caractère sacré, et qu'ainsi, loin de servir la Religion, il la compromet au contraire très-gravement. Quand donc le clergé descend au rôle d'une coterie politique, il ne doit pas s'étonner des tempêtes de colères, de mépris, de dégoûts qu'il soulève, et je le crains bien, des désirs effrénés de vengeance qu'il allume dans le cœur d'une multitude d'hommes égarés qui, s'ils ne s'étaient crus d'abord provoqués et insultés, ne seraient certes jamais devenus ses ennemis.

Que l'Eglise ne soit donc ni un parti, ni un camp retranché, qu'elle soit plutôt un asile ouvert à tous, et ses adversaires de la veille deviendront la plupart ses amis du lendemain.

La magistrature, comme le sacerdoce, si elle ne veut pas perdre sa force et son prestige, doit aussi rester étrangère aux luttes des partis. J'ai dit à propos des contestations nobiliaires qu'elle n'avait pas à se faire juge de la noblesse. Son rôle se borne, en effet, quand un nom est attaqué ou revendiqué, à décider à qui il appartient, absolument comme dans tout autre procès de possession de terres ou d'argent. De même, en politique, la magistrature doit se garder de *corriger* les partis, comme tant de Pouvoirs éphémères lui en ont trop souvent fait l'obligation. Si elle veut être respectée comme le Droit et la Justice, au lieu d'être déconsidérée et haïe comme l'arbitraire et la passion, qu'elle demeure constamment neutre entre les diverses factions qui déchirent la France, laissant au Jury, qui représente le pays tout entier, la charge de juger les transgresseurs des lois.

Paris, mai 1878.

PRINCE DE ROSSY.

Paris. — Typ. Balitout, Questroy et Cie, 7, rue Baillif.

NOTE COMPLÉMENTAIRE & JUSTIFICATIVE

(SUITE)

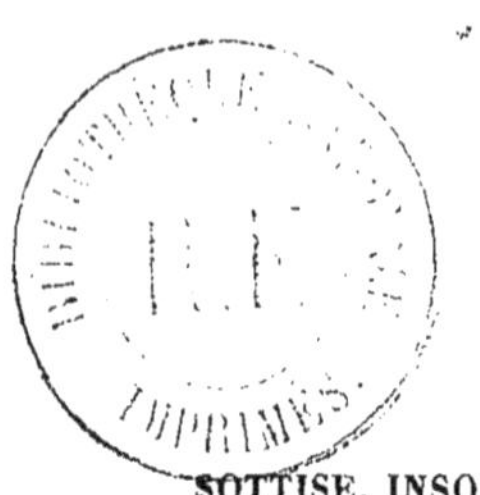

III

SOTTISE, INSOLENCE ET PERVERSITÉ DE QUELQUES ENNEMIS DE LA MONARCHIE HÉRÉDITAIRE OU TRADITIONNELLE, SE DISANT, AU CONTRAIRE, PARTISANS TRÈS-INTELLIGENTS D'UN ROI QUOIQUE ET NON PARCE QUE BOURBON. (*Style élégant des bourgeois gentilshommes de* 1830.)

> La passion fait sentir, mais ne fait pas voir.
>
> MONTESQUIEU.

Monsieur d'Orléans est fort en honneur près des orléanistes, parce qu'il a conseillé au Roi de subir leurs exigences et de se salir en acceptant le drapeau tricolore ; et comme ce conseil n'a pas été du goût de M. le comte de Chambord, qui a fièrement préféré l'exil à un trône déshonoré, ils vont partout disant, depuis cinq ans, que *c'est un crétin.* Voilà la politesse de cour de ces prétendus royalistes, qui punissent ainsi le Roi de la faute commise jadis par ses ancêtres d'avoir détruit la noblesse au profit des légistes et du tiers-état. Comment une royauté parlementaire serait-elle désormais possible dans ce pays sceptique, sans aristocratie, où le respect pour tout ce qui est élevé, noble et grand est aussi complétement perdu ?

Les bourgeois, qu'ils soient ou non titrés ou affublés d'une particule et du nom de leur village, les bourgeois, dis-je, ne s'inquiètent jamais de questions d'honneur. Sauvons la caisse ! tel a toujours été leur cri de ralliement. Et comme ils pensent que cette caisse est aujourd'hui en danger, ils en veulent au Roi de ne les avoir pas aidés à la mettre en sûreté en 1873, oubliant qu'avec les conditions qu'ils lui imposaient, leur monarchie replâtrée n'aurait pas duré six mois. Mais c'est perdre son temps que de raisonner avec la bourgeoisie, qui devient injuste, violente et furibonde dès qu'elle a peur. Il faut se borner à lui appliquer ce mot si juste de Montesquieu, cité plus haut : « La passion fait sentir, mais ne fait pas voir. »

L'ancien juste-milieu de Louis-Philippe est très-embarrassé; il n'aime pas le blanc et il redoute le rouge, ce qui veut dire qu'il est entre ses passions et ses intérêts. Il voudrait rester au tricolore, mais le tricolore aussi est, hélas ! bien menacé. Ce drapeau représente une révolution triviale et sanglante, faite non par le peuple et encore moins pour le peuple, mais bien pour et par de sots, cupides et envieux bourgeois et des nobles dégénérés. Aujourd'hui les descendants de ces tristes et grotesques sires ne pouvant plus tuer ni piller comme leurs pères, tremblent au contraire d'être pillés et tués à leur tour. Voilà pourquoi ils insultent le dernier héritier de la couronne, qu'ils prétendaient dominer, mais auquel ils n'ont jamais voulu se rallier franchement.

Aveugles égarés tantôt par l'ambition, tantôt par la peur, qui ne voient point que le Roi, en se perdant lui-même, ne les sauvait pas!

Dans ma brochure : *Le Pape, le Roi et la Liberté,* écrite en 1872, un an avant l'intrigue ourdie si perfidement afin d'imposer le drapeau tricolore au Roi, je n'avais cité que quatre strophes d'une ode de mon père, stigmatisant les manœuvres de Fouché et de M. Decazes, qui faisaient tous leurs efforts pour diviser les royalistes, au commencement de la Restauration.

Puisque ces manœuvres continuent encore, cette ode, quoique datant de cinquante-cinq ans, me semble toujours de circonstance. Je la donne donc aujourd'hui tout entière, d'abord parce que je pense qu'au point de vue littéraire, elle peut soutenir la comparaison avec les plus belles de J.-B. Rousseau et qu'elle est bien supérieure à celle de Le Franc de Pompignan sur la mort de ce grand poëte lyrique, surnommé l'Horace français, sauf la dernière strophe toutefois, qui, sans rivale dans notre langue, a fait seule la réputation de son auteur dans ce genre de poésie si difficile. Ensuite, politiquement parlant, je trouve qu'il est plus opportun que jamais d'appliquer directement à ceux qui osent injurier grossièrement le comte de Chambord parce qu'il est resté fidèle à son drapeau, l'inimitable strophe de Pompignan et les onze de l'ode de mon père :

Le Nil a vu, sur ses rivages,
Les noirs habitants des déserts

Insulter, par leurs cris sauvages,
L'astre éclatant de l'univers.
Cris impuissants, fureurs bizarres !
Tandis que ces monstres barbares
Poussaient d'insolentes clameurs,
Le Dieu, poursuivant sa carrière,
Versait des torrents de lumière
Sur ses obscurs blasphémateurs.

ODE

A SON ALTESSE ROYALE MADAME, SUR SON PASSAGE DANS LA VENDÉE

Septembre 1823.

I

Levez-vous, cendres généreuses,
Preux Martyrs de la Royauté !
Descendez, ombres radieuses,
Du haut de la sainte Cité !
Notre Vendée enfin contemple
L'Auguste Orpheline du Temple,
Pur sang des Césars et des Rois !
Relevez-vous, Guerriers sublimes,
Des morts franchissez les abîmes
Et venez inspirer ma voix !

II

Du sol fidèle aux Pyrénées (1),
Des peuples quels sont les transports ?
Quels élans de joies spontanées
Ont tout entraîné sur ces bords ?
Français ! c'est Elle ! c'est Marie !
C'est l'idole de la patrie,
Dont l'ascendant, partout vainqueur,
Vient exalter votre allégresse,
Et sait de votre noble ivresse
S'attendrir au fond de son cœur.

III

Disparaissez, horde barbare
D'Anarchistes vains et cruels ;

(1) Madame, duchesse d'Angoulême, venait des Pyrénées après la guerre d'Espagne et retournait à Paris en passant par Bordeaux, la Vendée et Nantes.

L'ambition, qui vous égare,
Vous a rendus trop criminels.
De tous vos rêves sanguinaires,
De vos complots incendiaires
Voyez quel est partout l'effroi.
Abjurez une secte impie,
Tombez tous aux pieds de Marie,
N'ayons plus qu'un culte et qu'un Roi.

IV

Dans quelles mortelles alarmes,
Princesse, ont frémi nos Guerriers,
Quand, seule en proie à tant de larmes,
Tu fus aux mains des meurtriers !
Jamais les lions de Lybie
Ne sentirent plus de furie,
Voyant leurs petits en danger,
Qu'alors, ô moderne Antigone,
Pleins de la terrible Bellone,
Nous brûlâmes de te venger.

V

Mais c'est le Ciel qui t'a rendue
Aux vœux de notre ardent amour :
Des Français la muse éperdue
A cent fois chanté ce beau jour.
Ange vénéré de la France,
Le monde a vu notre constance
Et notre part à tes malheurs.
Vains efforts, dignes de mémoire !
Pourquoi n'eûmes-nous pas la gloire
D'être tes seuls libérateurs !

VI

Quelle imposante et nouvelle ère
S'ouvre à ton magnanime époux ?
Vois sur le Tage et sur l'Ibère
Deux grands peuples à ses genoux,
L'atroce anarchie écrasée,
L'Hespérie entière apaisée,
Deux puissants trônes rétablis,
Par ses vaillantes mains, la France
Porter au loin son influence
Et faire triompher les Lys.

VII

Cathelineau, Bonchamp, Lescure,
Charette, Rochejacquelein,
Vous tous qui d'une foi si pure
Fûtes les dignes paladins,
Formidables vengeurs des crimes,
Et vous aussi, tristes victimes,
Dans vos tombeaux, apaisez-vous;
Sur cette terre encore en cendre,
Notre héroïne va descendre
Et combler nos vœux les plus doux.

VIII

Bordelais zélés et sincères,
Nobles émules, nos rivaux
Vendéens du Midi, vos frères
Forment un pacte avec Bordeaux.
L'héroïne qui nous enflamme,
Saurait sous sa blanche oriflamme
Nous guider en mille combats.
Qu'à jamais une sainte ligue
Oppose une immuable digue
Contre tous nouveaux attentats.

IX

Nous avons vu la basse envie
S'efforcer de nous désunir;
Nous avons vu la calomnie
Oser tenter de nous flétrir;
La France sait la fourbe insigne;
Mais qu'a produit la trame indigne
De quelques ennemis pervers?
Contre la faveur usurpée
La fidélité s'est trempée
Par trente ans d'illustres revers!

X

Toi qu'un prestige inexprimable
Suit en tous lieux, marquant tes pas,
Reine des cœurs, astre adorable,
Reviens, reviens en nos climats.
Quand l'Europe entière t'admire,
Dans l'ardeur que ton nom inspire

Nous pourrions être combattus;
Mais tes Vendéens, d'âge en âge,
Propageront leur pur hommage
A ta grandeur, à tes vertus.

XI

Compagnons, en ce jour prospère,
Élevons nos voix jusqu'aux cieux,
Devant celle que tout révère
Soyons dignes de nos aïeux;
Comme eux, jusqu'aux fatales Parques,
Au sage, au Nestor des monarques,
Vendéens, répétons en chœur
Nos vieux serments et la devise
Qui sans cesse nous électrise :
Dieu, le Roi, les Bourbons, l'honneur!

Si la France, à tort ou à raison, ne veut pas décidément du drapeau blanc, comme tant de gens, persuadés ou non, le proclament sans cesse à tout propos, elle ne paraît pas non plus disposée à retourner à la monarchie bâtarde des tricolores, orléanistes ou bonapartistes, dont elle s'est déjà plusieurs fois si mal trouvée.

Gardons alors la République, dont le principe n'exclut personne.

Mais sans patriciat, je le rappelle de nouveau, il n'y a point de grand peuple, et aucun gouvernement, surtout la République, ne peut durer. Rome, la reine des nations, était gouvernée par une aristocratie, et, quand le Sénat fut avili et le peuple corrompu par les empereurs, Rome fut le jouet et acheta, comme nous, la paix des barbares, avant d'en devenir la proie.

D'autres ennemis du Roi, plus justes appréciateurs de son mérite que les sots et les insolents dont j'ai parlé plus haut, ont dit de lui ce mot, qui, sans être absolument vrai, ne l'est cependant que trop : « Le comte de Chambord est le seul royaliste de son parti. » — Le trône a été tellement souillé par les Bonaparte et les d'Orléans, et tout prestige monarchique si entièrement détruit par eux, que l'ode de mon père ne pourrait, je crois, à notre époque prosaïque, pour ne pas dire plate et basse, être même conçue ni surtout exprimée en termes aussi magnifiques. Est-il, en outre, beaucoup de lecteurs capables, en se reportant au temps déjà loin de nous où cette ode parut et où la foi religieuse et politique était encore vive, est-il beaucoup de lecteurs capables, dis-je, d'en apprécier l'énergique beauté et les nobles et fiers accents?

IV

ON INSTRUIT DANS TOUTES LES ÉCOLES, ECCLÉSIASTIQUES OU LAÏQUES, MAIS ON N'ÉLÈVE PAS.

> Jadis l'Égypte eut moins de sauterelles
> Que l'on ne voit aujourd'hui, dans Paris,
> De malotrus soi-disant beaux esprits.
>
> VOLTAIRE.

Je viens de dire que notre époque est plate ou bien que le niveau intellectuel de la France est abaissé. Cela me semble incontestable, et il suffit, pour s'en convaincre, de comparer entre elles nos différentes assemblées législatives depuis 1789. Les caractères et les talents ont toujours été en s'affaiblissant et de moins en moins nombreux jusqu'à nos jours. A quoi cela tient-il ? A une erreur capitale qui consiste à confondre l'instruction avec l'éducation. « Multipliez les écoles, disent presque tous les statisticiens, et vous diminuerez le nombre des prisons. » C'est tout le contraire qui arrive. Jamais, en effet, les crimes les plus atroces ni les attentats à la pudeur les plus brutaux ne furent aussi fréquents qu'aujourd'hui, et tous les grands criminels sont plus ou moins lettrés. L'unique remède à nos maux n'est donc pas dans *la propagation des lumières,* comme on l'affirme beaucoup trop légèrement. Peu d'hommes, en réalité, sont aptes aux sciences, aux arts ou aux lettres ; tous le sont à recevoir une bonne éducation. Or, on instruit partout le mieux possible dans nos institutions, je ne le conteste pas, mais on n'élève nulle part. Si donc l'ordre social menacé de tant de côtés doit un jour être renversé, c'est d'abord par l'école qu'il croulera. Et qu'on ne pense pas que j'entende attaquer ici les instituteurs chargés de l'éducation de la jeunesse à titres divers. Ils professent à merveille dans leurs classes, je l'accorde volontiers, mais ils ne peuvent rien contre la nature des choses. Or, ce n'est pas en laissant courir ensemble les garçons et les filles par bandes, sans surveillance aucune, par les carrefours et les chemins, sous prétexte d'aller à l'école et souvent, hélas ! très stérilement, ce n'est pas ainsi, dis-je, qu'on formera des hommes et des femmes également propres à gouverner une famille et à servir l'Etat (1).

(1) Fénélon pensait que l'éducation des filles a plus d'influence encore sur les mœurs publiques que celle des garçons.

Un perpétuel déclassement social, excitant bien moins l'amour et une noble émulation que la haine et l'envie, l'impossibilité de pourvoir à tous les besoins qu'on fait naître, le mécontentement profond que chacun a de soi et des autres, un malaise général causé par le plus sot orgueil et l'égoïsme le plus abject, enfin une grossièreté de mœurs sans exemple dans le passé, présage des plus grandes catastrophes dans un prochain avenir : voilà déjà les fruits amers de ce mauvais système d'instruction ou d'éducation.

Donc, si vous voulez, gouvernants monarchistes ou républicains, régénérer le monde en pleine décadence et d'abord ne pas périr honteusement par l'école, le séminaire, le palais et la caserne, je vous le dis sérieusement, sans prétendre imiter les jeux de mots et les antithèses d'un poëte et académicien fameux : Instruisez, instruisez tant qu'il vous plaira, à tort ou à droit, à tort ou à raison ou à tort et à travers ; mais au lieu de ne pas élever du tout, *élevez* avant tout.

La Rochette-l'Étang, septembre 1878.

V

COMMENTAIRE HISTORIQUE AU SUJET DE L'ODE SUR LE PASSAGE DE LA DUCHESSE D'ANGOULÊME DANS LA VENDÉE, EN 1823.

Pour bien comprendre toute la beauté et la vérité de cette ode, il est nécessaire de se rappeler les principaux événements des cinq premières années de la Restauration, de 1815 à 1820. Louis XVIII avait créé duc son ministre favori Decazes, huit jours après l'assassinat du duc de Berry, et le duc d'Angoulême était venu, deux ou trois années auparavant, en Vendée, prêcher l'union et l'oubli, comme si, après une guerre civile aussi récente, une politique de conciliation était possible entre les bourreaux et les victimes ou bien entre les spoliés et leurs spoliateurs. Le Prince n'eut point à s'applaudir de son voyage. Il ne désarma pas la haine des acquéreurs de biens nationaux et s'attira les moqueries des Vendéens fidèles, qui l'appelèrent le marchand d'*oublis*.

Voici un épisode de famille qui va donner une idée de la manière dont le parti libéral entend la conciliation : Mon père fut nommé conseiller de préfecture de la Vendée pendant le ministère Decazes, sur la présentation du préfet, le comte de Kerespertz, qui avait été militaire et émigré sous Louis XVI. Que fait alors la coterie libérale, devenue plus tard orléaniste ? comme elle craignait le zèle et les talents de mon père, elle écrit à Paris qu'on s'est trompé, non pas de nom, mais de qualités, et que ce n'est pas le maire de Palluau, chef-lieu de canton, mais celui de Saint-Paul (petite commune qui n'en est éloignée que de 2 kilomètres), qu'on a sans doute voulu nommer. Or, le maire de Palluau était mon père et celui de Saint-Paul était son frère consanguin, plus âgé que lui de dix ans. Très-peu de jours après, mon oncle est, en effet, nommé conseiller de préfecture en la place de son frère, qui ne fut pas même installé. Le comte de Kerespertz ne se méprit pas sur la signification de ce singulier pour ne pas dire odieux revirement, car il dit à mon père, dans une audience de congé : « Ah! mon ami, votre destitution est le signal certain de la mienne. » Le préfet disait vrai : moins d'un mois après, il fut lui-même cassé aux gages sans aucun motif sérieux.

Mon père fut réintégré dans ses fonctions de conseiller de préfecture à l'avénement du ministère Villèle. Un bon orléaniste local et contemporain me disait naguère, à ce propos, qu'*on* n'avait pas trouvé bon, dans le temps, que mon père eût consenti à remplacer son frère. Et voilà comment, dans le camp des *hommes de l'ordre moral, on* écrit l'histoire du petit au grand! Quand c'eût été exact, il me semble que c'était mon père et non mon oncle qui avait été le premier en place. Mais ce reproche libéral n'avait absolument aucun fondement, puisque, le nouveau ministère ayant destitué un autre conseiller de préfecture en même temps que mon oncle, on eut l'attention pour mon père de ne pas le nommer au lieu de son frère, qui fut, en réalité, remplacé par un étranger (1).

Tout le monde sait que Louis XVIII, après avoir appelé la Chambre des députés de 1815, qui lui était toute dévouée, une Chambre introuvable, la cassa quelques mois après par la fameuse ordonnance du 5 septembre. On voit donc que les palinodies et les gouvernements de bascule ne sont pas choses nouvelles. On pour-

(1) Mon père perdit à son tour, à la Révolution de 1830, sur la dénonciation de plus de vingt députés de la Bretagne et de la Vendée, la place d'inspecteur général des prisons, qu'il occupait alors à Paris. Cette place rapportait 30,000 francs. C'était donc un trop friand morceau pour que les orléanistes, grands amateurs de postes bien rétribués, ne missent pas beaucoup d'empressement à le dévorer. Ils fermèrent en outre, bien entendu, les portes du Conseil d'État à mon père, qui, comme juste récompense de son dévouement et de ses services, était sur le point d'y entrer. Ces bons, ces excellents orléanistes, toujours amis de l'*ordre moral* et de l'argent! On n'a pas oublié que la duchesse de Berry n'appelait jamais la famille d'Orléans, sous la Restauration, que « ces bons d'Orléans. » Mais on n'a pas oublié non plus, je pense, comment, dans la forteresse de Blaye, sa tendresse fut payée de retour par Louis-Philippe, devenu roi, Dieu sait à quel prix!

rait même ajouter qu'on ne voit pas autre chose en France depuis 1789, c'est-à-dire depuis près de cent ans. Comment ensuite s'étonner du découragement de tous les dévouements et de l'avilissement de toutes les fonctions publiques? Aussi n'est-il aujourd'hui que bien peu de gens vraiment dignes et indépendants de position et de caractère qui les recherchent. C'est assurément un malheur pour la France, en proie désormais à trop de besogneux qui l'exploitent plutôt qu'ils ne la servent.

Pour moi, dès ma jeunesse, ces tristes et honteuses palinodies dont ma famille a été si souvent victime, tant en France qu'en Italie, m'ont inspiré un grand dédain pour les hommes au Pouvoir et les prétendus honneurs de mon temps. Du reste, je n'ai aucun ressentiment personnel, me souvenant de ce mot de Bossuet : « Qu'il n'est de grandeur achevée que celle qui a eu la consécration du malheur. » Me souvenant encore de cet autre mot de Louis XII : « Le roi de France ne venge pas les injures du duc d'Orléans. »

Paris, novembre 1878.

PRINCE DE ROSSY.

Paris, imp. Balitout, Questroy et Cᵉ, 7, rue Baillif

www.ingramcontent.com/pod-product-compliance
Ingram Content Group UK Ltd.
Pitfield, Milton Keynes, MK11 3LW, UK
UKHW020520230726
13925UKWH00005B/2208

9 782014 03875